AF298727

E. DE VILLEDIEU

LETTRES

DU

LANGUEDOC

Dieu, l'honneur et le souvenir.

NOUVELLE ÉDITION

3e fascicule

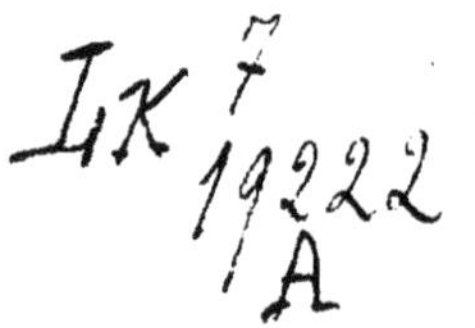

PARIS

ARTHUR SAVAÈTE, ÉDITEUR

RUE DES SAINTS-PÈRES, 76

M DCCC XCIX

SEPTIÈME LETTRE

VESSEAUX

MARGUERITE DE SURVILLE

(CLOTILDE DE SURVILLE)

A mon ami H. de P...

Vesseaux, le 23 octobre 187...[1]

Mon cher ami,

Je suis depuis trois jours à *Vesseaux*, là où Marguerite de Surville, notre poète du quinzième siècle, a passé bien des années de sa vie. Je foule le sol qu'elle a foulé ; je contemple l'horizon qu'elle a contemplé ; j'évoque mes enthousiasmes et mes deuils d'autrefois, là où elle a chanté, où elle a pleuré. J'ai près de moi des enfants aimables et doux, alliés lointains de Guy, de Loys, de Rose, de Nantilde, et de ces

> ... petiots innocents, doulcettes créatures [2],

qui avaient joué, eux aussi, dans ces sentiers et sur le sable de ce torrent.

Quand je viens dans ce lieu qui me rappelle bien des jours de

---

1. Une des années qui ont suivi l'invasion prussienne dans notre France.
2. Poésies de Marguerite de Surville.

mon enfance, mon cœur éprouve un saisissement. Je pense à ma mère, qui y a vu couler ses jeunes années et dont je retrouve encore des amies qui me parlent d'elle en pleurant. Et je songe aussi à Marguerite, avec cette mélancolie qu'apporte le murmure du passé.

Merveilleuse puissance du génie ! Son auréole franchit les âges ; et quand la richesse et le plaisir ont disparu sans laisser une lueur dans la nuit, cette auréole apparaît encore, brillant du fond des siècles lointains. Elle illumine les lieux qui ont vu la lutte courageuse du génie en face de l'idéal, lutte qui, dans l'ordre naturel du beau, est le combat biblique de l'ange et de Jacob. Elle fait palpiter la poussière, comme animée d'un vivant souvenir. Elle fait redire un nom magique aux champs, aux forêts, aux plaines, aux montagnes ; et lorsqu'un si grand nombre d'éclats éphémères se sont éteints et que tant de fausses célébrités se sont évanouies, elle a pour elle une grandeur, un prestige, que les ravages du temps n'effacent point.

C'est que le génie n'est point la propriété de la matière, qui se dissout, qui se tranforme, et que bientôt on ne reconnaît plus. C'est un écho du Verbe infini ; c'est un reflet de sa splendeur. Et lui, le créateur des mondes, il marque d'une empreinte indélébile ce qui fut la création du verbe humain ; lui, l'Être immuable, il donne la durée à ce qui porte son caractère, comme expression, indigente sans doute, mais du moins consciente et généreuse, du vrai, du juste et du beau.

Je suis venu, par *Saint-Privat*, d'*Aubenas* à *Vesseaux*. Lorsqu'on a passé, sur les deux ponts modernes d'une route bruyamment fréquentée, l'Ardèche et le Luol, rivière qui sort de gorges profondes et qui, pendant les grandes pluies de l'automne, roule les eaux jaunies descendant des sommets granitiques du *Champ-de-Mars*, on laisse à droite le lit sablonneux de l'Ardèche et l'on se dirige vers le nord.

Auprès de la route, sont des champs cultivés, des mûriers, des noyers, des vignes, et quelques oliviers dont la zone s'arrête là. On fait ainsi une demi-lieue, et l'on voit le village de *Vesseaux* assis dans un vallon, au milieu des cultures et près des bois, qui se déroulent vers l'Occident.

Nulle part le contraste de l'aridité et de la verdure n'est plus accentué que là. A droite du vallon, des pentes abruptes, roches blanchâtres du terrain jurassique où des chênes croissaient autrefois, montrent leurs flancs ravinés et nus. A gauche, au-dessus du village, une inclinaison adoucie, allant de colline en colline, est couverte de bois. Des châtaigniers, dont le feuillage est maintenant couleur de rouille et d'or, et qui ont fait depuis longtemps la renommée agricole du lieu, sont la sévère et rustique parure de cette moitié du paysage, aussi loin que la vue peut s'étendre, jusqu'au dessous du pic de *Gourdon,* surgissant à plus de onze cents mètres de hauteur. Le col de l'*Escrinet* dessine, dans l'azur ou dans le ciel noir, la silhouette de sa vaste coupe taillée dans les basaltes du Koyron.

Vesseaux est groupé autour de sa vieille église, dont le clocher est terminé par une flèche moderne. Les quelques maisons du village sont au bord d'un torrent, le Liopoux, l'été presque entièrement desséché, et dont les eaux s'écoulent non loin de là dans le Luol.

Le petit castel champêtre appelé *les Fargiers,* où je me suis arrêté et d'où je vous écris, fut probablement un séjour aimé de Marguerite. *Les Fargiers,* situés à quatre cents mètres au midi du village, ont une partie très ancienne comprenant, au rez-de-chaussée ou au premier étage, trois pièces du quatorzième siècle, avec une tour du même âge, détruite à mi-hauteur et qui regarde le Midi. L'escalier en spirale, dont les larges marches de grès s'enroulent dans la tour ; un portail à nervures finement ouvrées, des portes basses et étroites, des fenêtres aux croisillons de pierre, entourées de leur filet délicat, sont du style le plus pur distinguant les riches maisons du Moyen-Age. Auprès, sont des constructions plus récentes qui remontent environ à deux siècles et qui, au Nord, près de deux terrasses, ont une tour carrée qu'une petite flèche surmonte.

Des terrasses, on domine le Liopoux, sur le bord duquel est un jardin. De l'autre côté du torrent ayant dix ou quinze pas de largeur, un moulin se distingue à peine au milieu des osiers. A côté, l'on voit la petite écluse dont l'eau est au niveau du toit, une prairie d'un vert d'émeraude, le canal arrosant la prairie et conduisant l'eau au moulin. C'est une masure pauvre, obscure, presque informe ; mais Marguerite l'a chantée.

Le petit castel que je viens de vous décrire et qui, dans ce temps-là, s'appelait *la Motte,* était alors la demeure de la famille Fargis, qui a donné son nom à ce lieu. C'est, selon toute vraisemblance, à cette famille qu'appartenait Héloysa, la belle-fille de Marguerite, qu'une version romanesque des premiers interpolateurs de ses poésies a, dans un morceau manifestement remanié de ses vers, rattachée sans aucun fondement à la famille de Vergy, puissante en Bourgogne, mais tout à fait étrangère au Vivarais [1].

Depuis longtemps, le castel de la Motte et des Fargiers, passé après cette époque à d'autres familles par des alliances successives, a eu la propriété du « moulinet » et du « gros canal », cités par Marguerite comme étant une des promenades habituelles d'Héloysa et de ses enfants. Le terrier du prieuré de Vesseaux de 1472 et des documents ultérieurs le constatent [2] ; et, pour attester que cette propriété date de plusieurs siècles, il suffirait presque de ces deux pierres de moulin qui forment un antique pavé, en deux endroits de la maison des *Fargiès* [3].

Que de changements se sont faits là, dans l'intervalle de ces jours aux nôtres ! L'ancienne demeure a subi, dans la plus grande partie de son ensemble, les modifications que le temps amène ; et ce site, alors recueilli dans le silence d'un des plus humbles vallons d'Occitanie, a été livré à la poussière et au bruit d'un grand chemin.

J'étais arrivé depuis peu ; la nuit commençait à étendre ses ombres. J'allai sur la berge du Liopoux ; il était grossi par les

---

1. Tous les détails explicites, sur ce sujet et sur quelques autres auxquels je touche ici en passant, sont dans mon ouvrage intitulé : *Marguerite de Surville, sa vie, ses œuvres, sa postérité, devant l'Histoire et la Critique moderne.* 1re partie, XI. Un volume in-8o. Edition dernière et définitive, avec documents nouveaux. A publier.

2. *Id.,* 1re partie, XII.

3. Dans l'idiome provençal-languedocien du pays, il y avait alors à *Vesseaux,* pour la même famille, en tant que dénomination et surtout diversité de consonance, Fargiers, Fargiès et Fargis, comme, sur le Koyron, il y avait, sous ce double rapport, pour la même famille, Chalès et Chalis.

pluies. J'entendais le murmure de ses eaux se brisant contre de blancs rochers. Je suivais du regard cette eau qui courait sous une clarté blême et qui battait le bord où s'élevait l'antique demeure des *Fargis*. Tantôt le vent couvrait de ses rafales la rumeur du torrent ; il agitait les saules ; il faisait gémir les peupliers. Tantôt, lorsque le vent se taisait, à de courts intervalles, m'arrivait le bruit du moulin que j'entrevoyais comme une tache noire dans la pénombre. Plus loin, l'église se dressait, sombre, fantastique, dans le clair-obscur ; et au-dessus, les nuages, rasant les montagnes à demi voilées, s'en allaient vers le lointain mystérieux.

Voilà, me dis-je, le paysage que voyait Marguerite. Combien il rappelle de rêveuses pensées de ce génie puissant !

Le lendemain, je suis allé au village. J'ai été aussitôt chez l'abbé Deleuze, curé de *Vesseaux*[1].

L'abbé Deleuze a succédé, après quatre siècles, au prieur Jourdan, oncle de Bérenger de Surville. Ce furent le prieur Jourdan et peut-être aussi une dame du lieu, Alaysse Chalis, qui firent conclure le mariage de Bérenger avec une nièce d'Alaysse, Marguerite Chalis, jeune veuve[2] et riche héritière, fille unique de Pierre Chalis, licencié ès lois à Privas et déjà décédé. Le contrat de mariage, retrouvé récemment dans le Registre ou *Manuale notarum* d'Antoine de Brion, fut passé à Privas, « dans la maison de Marguerite », le 4 janvier 1428,

---

1. L'abbé Deleuze, né à *Rosières*, dans le bas Vivarais, excellent prêtre et noble cœur, très dévoué à la mémoire de notre poète, a été enlevé depuis ce temps à notre affection, après une vie relativement courte mais riche sans doute devant Dieu. Il est mort des préoccupations douloureuses, des vives tristesses que lui avait apportées, comme à tant d'autres cœurs de zèle chrétien, le vil triomphe d'indignes « lois scolaires », ces hideux attentats de la tyrannie maçonnique et du banditisme gouvernemental.

2. Marguerite de Surville avait été veuve, environ à l'âge de dix-neuf ans, vers 1425, après son premier mariage, de très courte durée, avec Raymond du Bois, du Barrès. *(Relictam nobilis Raymundi de Bosco, quondam Barresii.)* « *Pro Joanne Pascalis, aliàs Albenassio, legati expeditio :* Expédition de legs pour Jean Pascal, d'Aubenas. » Acte notarié, du 12 novembre 1427, reproduit aux Documents justificatifs, dans mon ouvrage : Marguerite de Surville, etc.

(1427, vieux style), par maîtres Antoine de Brion et Louis Riffard, son collègue. Peu de jours après leur mariage, les deux époux venaient habiter *Vesseaux*.

Je trouvai l'abbé Delcuze au presbytère. Bientôt nous parcourions les antiquités du village : et, revoyant ces lieux que j'avais visités souvent, nous y faisions ensemble le pèlerinage des souvenirs.

Nous commencions par la *Maison du Prieur*, où est maintenant l'école communale dirigée par des *Frères de la Sainte-Famille*.

Cette maison, qui, pendant des siècles, a été celle du prieur de *Vesseaux* et qui fut très probablement celle du prieur Jourdan, remonte à peu près à la même date que l'ancienne demeure des Fargis, c'est-à-dire au quatorzième siècle. Elle est à dix pas de l'église, entre le Midi et l'Orient. L'escalier en hélice, aux marches profondément usées, se développe dans une tour hexagonale, bâtie en belle pierre taillée et montant jusqu'au sommet du premier étage. Les pièces primitives ont été modifiées : elles en forment à présent cinq ou six. La tour, avec ses fenêtres et les portes qui ouvrent de là dans la maison, les voûtes inférieures et quelques vieux planchers ont seuls conservé le cachet de l'époque.

C'est donc ici, me dis-je en parcourant ces salles, remaniées avec le temps, c'est ici qu'a été préparé le mariage du poète et que, très vraisemblablement, s'est formé le projet d'union qui amena Marguerite dans ces lieux où elle allait composer ses plus beaux chants !

En sortant de la maison du prieur, nous nous approchâmes d'antiques pans de mur, seul reste d'un fort, contigu à un monastère. Il était tout près de l'église, du côté du couchant ; le couvent actuel de Saint-Joseph a été construit sur la partie méridionale de cet édifice. Par son extrémité opposée à l'église, le fort dominait le torrent dont le lit est creusé entre les roches grisâtres du lias. Ce fort, qui, déjà au quatorzième siècle, avait eu à souffrir des ravageurs, âpres auxiliaires de l'Anglais, soutint un siège, au début des guerres de religion, contre les bandes calvinistes, non moins dévastatrices, et fut détruit, au dix-septième siècle, comme plusieurs autres vieux châteaux du Vivarais, par l'impitoyable et niveleuse politique de Riche-

lieu, après la prise d'armes d'Henry de Montmorency, en Lan
guedoc, uniquement contre le Ministère, contre « un Souverain
Conseil tortueux et fauteur de discorde », protestation
appuyée par Claude de Lestrange, le suzerain du lieu.

De ce débris d'un âge d'héroïsme et de conflits sanglants,
on voit encore quelques murs, le portail du Nord tourné vers
le torrent qui coule à quelques pas ; le porche, faisant suite à
ce portail, dont le pont-levis a disparu ; le portail du Midi, sur
la colline, à quinze mètres environ au-dessus du niveau du
Liopoux et englobé aujourd'hui dans la maçonnerie du couvent
moderne ; la moitié d'une fenêtre d'un travail exquis, et une
fenêtre géminée dont la colonnette du milieu a été brisée.

Quand nous eûmes fait le tour du fort qui a laissé son nom
au village, nous nous dirigeâmes vers la maison de Marguerite,
« la maison de madame de Surville », comme l'on dit ici. Cette
maison n'était séparée du fort que par une ruelle très inclinée
descendant du village au bord du torrent. Elle était située à
vingt mètres au nord de l'église. Son emplacement est aujour-
d'hui envahi par un pêle-mêle de constructions grossières,
comprises entre deux petites rues parallèles et la rue qui
fait le chemin du *Fort* au village des *Chabert*.

On entre dans ce qui fut la cour, bien diminuée maintenant, par une porte de moyenne largeur, qui n'est plus à la
place où elle était jadis. Dans la petite cour, on monte un
escalier mal reconstruit, de quatre ou cinq marches, aboutis-
sant à une plate-forme, et l'on a devant soi une façade de cinq
mètres de longueur et de la hauteur d'un étage, prolongée par
de lourdes bâtisses d'une date rapprochée de notre temps.

Sur cette façade s'ouvre une porte qui donne accès dans une
pièce ancienne et élevée, ayant un plancher à solives ; dans la
partie opposée, du côté du torrent, une autre pièce et un mur
extérieur ont un caractère d'antiquité. A l'angle sud-ouest,
une porte d'un mètre de largeur sur près de deux mètres de
hauteur montre encore de belles moulures, des clochetons à
demi brisés, avec le blason des Surville. Au-dessus, une sta-
tuette en forme de support semble indiquer le bas d'une niche
dont la partie supérieure n'existe plus.

Voilà tout ce qui reste de la demeure du poète. Poignante leçon de la mobilité des choses humaines ! Tristes métamorphoses que fait le temps ! Quel douloureux souvenir du passé ! Et quel retour amer sur notre âge ! Il se dit, cet âge, un siècle de lumière ; et, quand un luxe sans pudeur s'étale, pour les vanités les plus vulgaires, pour l'ostentation des nullités, on voit transformé en méchante masure ce qui fut l'habitation du génie, ce que doit illustrer un grand nom !

Les Surville étaient encore ici au dix-huitième siècle ; leur histoire est ininterrompue depuis Bérenger jusqu'à nos jours. L'ancien registre de cette paroisse renferme sur eux plusieurs indications ; un bon nombre d'autres manquent : celles qu'on trouve là s'ajoutent aux données de ma famille. Les vieux documents cadastraux de la localité, du quinzième au dix-septième siècle, ainsi que divers autres, venant les appuyer et les compléter, et indiquant soit d'anciens domaines des Chalis, soit des propriétés acquises depuis le mariage de Bérenger, mentionnent les immeubles de cette maison, la plupart à *Vesseaux*, d'autres sur le Koyron, à *Saint-Laurent*, à *Freyssenet*, à *Pramaillé*, sur l'antique paroisse de *Sceautres*, à côté et au lieu même de *Berzème*, d'autres à *Privas*, à *Rochemœure*, d'autres à *Lussas*, à *Saint-Étienne-de-Boulogne*. Le témoignage de la tradition locale, sur beaucoup de ces propriétés, dont quelques-unes étaient pourtant déjà en d'autres mains au commencement du siècle dernier, concorde entièrement avec les attestations authentiques de ces compoix terriers. Le plus grand nombre des immeubles que les Surville avaient à *Vesseaux*, et en d'autres lieux des environs, a passé successivement aux familles de Malhan, Thomas[1] et de Villedieu.

D'autres descendants de Marguerite acquirent, en 1539, la seigneurie de *Malaval*, à sept lieues d'ici, dans les gorges profondes de l'Ibie et de la Dend'Arès. C'est à cette branche, d'abord fixée à *Gras*, puis à *Valvignères* et ensuite à *Viviers*,

---

1. Ces deux premières sont éteintes. La famille de Malhan a disparu à la fin du siècle dernier, avec deux vaillants officiers de l'émigration, en qui, chez l'un d'eux surtout, la haute culture intellectuelle et l'esprit chrétien allaient avec la grande noblesse de l'âme.

qu'appartenait Jean de Surville, qui, avec sa belle-fille, Jeanne de La Baume-Valon, apporta — après une tante de Jeanne, une poète très lettrée, Marie-Eléonore de La Baume-Valon, — aux œuvres de son aïeule, au milieu du dix-septième siècle, quelques remaniements faits, comme les précédents, avec une incontestable habileté. C'est aussi l'un des membres de la branche de *Gras*, Etienne de Surville, qui découvrit à *Viviers*, en 1782, ces anciens manuscrits au milieu de ses papiers de famille ; il retrouvait ces poésies interpolées déjà, et il allait, bientôt après, semble-t-il, en retoucher fâcheusement quelques-unes[1].

Quant à la demeure dont je viens de parcourir les vestiges, ai-je besoin de dire qu'un de mes souhaits est de la voir prochainement restaurée comme un lieu historique ?

Pour rassembler le plus de souvenirs sur ce sujet plein d'intérêt pour moi, et ajouter quelques notions de plus à celles que j'avais, j'entrai, avec l'abbé Deleuze, avec qui je revoyais ces débris du passé, chez une vieille aveugle nommée Anne Vital, mieux renseignée que d'autres sur ce qui rappelle les Surville. Elle était assise à son âtre fumeux ; elle avait auprès d'elle sa fille âgée de soixante-dix ans. Quand on lui dit mon nom, elle se ressouvint de ceux de ma famille qu'elle avait connus, et ses yeux se mouillèrent de larmes. Bientôt après, nous l'interrogeâmes sur les choses d'un temps plus ancien, et elle nous fit son récit avec une gravité des plus expressives et d'un air empreint de majesté.

En voyant cette vénérable figure, cette femme de quatre-

---

1. Pour ce qui est des Surville du bas Languedoc, d'abord du côté du *Vigan*, où ils étaient protestants, puis à *Nîmes*, où ils ont formé une si honorable famille, ils descendent peut-être — et nous pouvons le présumer — d'une branche collatérale à celle de Bérenger de Surville. L'hypothèse qui m'avait été soumise par le cher et regretté H. de Surville, ancien colonel d'artillerie, que des fils d'Antoine de Surville, de *Gras*, auraient pu devenir calvinistes au seizième siècle, s'établir dans les Cévennes, vers *Le Vigan*, et être ainsi au nombre de ses ancêtres, ne repose absolument sur aucun fait certain.

vingt-neuf ans ; en l'entendant redire ce que ses pères lui apprenaient jadis ; en écoutant un récit où se reflétaient la sensibilité de l'âme, la fidélité de la mémoire et la religion du souvenir, nous étions impressionnés profondément.

« Outre les maisons et les jardins qui sont là, nous dit la vieille veuve — dans son provençal languedocien, le même que Marguerite avait parlé souvent, — Mme de Surville et ses enfants avaient ici beaucoup d'autres propriétés, bien longtemps avant la Révolution. Ils possédaient ce que l'on a appelé, jusqu'à mon temps à moi, le pré de Surville ou le pré Thomas, à quelques pas d'ici, depuis ce tas de pierres jusqu'au-dessous du petit chemin qui va vers le village. Ce pré ne s'arrosait que par la pluie : on en a fait un champ de mûriers.

« Mme de Surville avait aussi les *grandes vignes*, un peu plus au levant que ce pré, aux endroits de *Chalou* et *Bromofont*. Elle avait aussi la *vigne de la dame* (la dame, c'était elle), plus bas que sa maison, sous le village des *Reyniers*, de l'autre côté du ruisseau ; et un bois de chênes, petit aujourd'hui, mais alors plus grand, qui appartient, vous le savez, à vos parents un peu éloignés, et qui s'appelle encore le bois de madame de Surville.

« Cette dame, nous dit enfin l'aveugle, comme le redisent les gens du pays, s'occupait beaucoup de bonnes œuvres ; c'est elle qui fit réparer notre église, après la mort de son mari et celle de son fils. »

Nous remerciâmes la femme du vieux temps ; nous lui dîmes adieu du fond du cœur, et nous nous retirâmes, étonnés d'avoir vu cette nonagénaire, sur le bord de la tombe, mettre à ses paroles tant de fermeté, de justesse et de sereine animation [1].

En la quittant, nous descendîmes au milieu du village et nous entrâmes dans l'église, œuvre de ces Bénédictins à qui le Vivarais et la France entière doivent leurs progrès dans la voie

---

1. Anne Vital est morte, quelque temps après, à l'âge d'environ quatre-vingt-douze ans.

de la civilisation et dont les bienfaits n'ont peut-être eu d'égale que l'ingratitude de notre époque pour leur grand souvenir.

Le style de l'église est celui de la période de transition du cintre roman à l'ogive. Le portail vers le Nord, sur un côté et au bas de la nef, décrit harmonieusement, en retrait successif, six voûtes concentriques. Au-dessus, on lit près d'un bas-relief trois inscriptions latines du quinzième siècle. On suppose ici qu'elles se rapportent à Marguerite et à son fils Jean, dont le cœur aurait, d'après la tradition, été mis près de ce portail; j'ai pourtant quelque peine à croire que l'épouse de Bérenger soit pour quelque chose dans ces figures sculptées sur pierre calcaire et dans ces inscriptions peut-être un peu énigmatiques, bien qu'elles soient tout à fait de son temps [1].

La voûte, faiblement ogivale, s'élève au-dessus de chapiteaux romans. Le transept, régulier d'un côté, a été depuis peu démesurément prolongé de l'autre. L'ouverture très ogivale de la chapelle inférieure au transept est formée de colonnes sveltes faisant corps avec les piliers larges et puissants. L'aspect extérieur de l'église montre qu'elle a été, en certaines parties, notamment vers l'abside, complétée ou réparée ultérieurement, ce qui s'accorde avec la tradition du pays indiquant un travail de restauration fait à l'époque de Marguerite.

En entrant dans l'église, j'admirai pour la millième fois ce sévère monument du Moyen-Age, où le treizième siècle a imprimé son cachet saisissant. Je m'agenouillai près d'un pilier, et là les souvenirs arrivèrent en foule dans mon cœur.

Bien des fois j'avais vu dans cette église un vieillard plein de zèle et de mansuétude évangélique, un prêtre en qui l'intelligence et la vie étaient pénétrées de l'esprit chrétien. C'était un

---

1. Depuis lors, un examen plus attentif de ces inscriptions, qui sont au nombre de quatre ou de cinq, et surtout l'étude de la plus significative et de la moins connue de toutes, m'ont convaincu qu'on les doit à Marguerite, qu'elles ont été gravées par ses soins, et qu'encore en ceci la vérité est bien plutôt du côté de la tradition que du côté de la critique. — Ceci est indiqué dans mon ouvrage.

penseur [1], et avant tout une âme de paix vivant pour Dieu et pour ses frères et dont l'amour embrassait l'humanité. Il s'intéressait aux choses de l'art ; il parlait souvent des œuvres de Clotilde ; il se préoccupait de cette gloire de sa vallée. Ce prêtre était l'abbé Tailhand. Il y avait en lui l'élévation de la pensée unie à la magnanimité du cœur. Il éprouvait les généreuses tristesses des nobles caractères devant les lâchetés et les vils entraînements de notre époque ; mais il saluait aussi les souffles rénovateurs de cet âge, et il appelait de ses souhaits la rénovation chrétienne de notre monde social.

« Ces idées, me disait-il, que vous défendez dans votre *Union Catholique et Rénovatrice*, ces idées qui sont celles du salut de notre civilisation, ont pour elles, n'en doutez pas, un prochain avenir. Tous les signes du temps, tous les pressentiments du génie, tous les profonds appels des peuples, toutes les ruines amoncelées, et celles de l'ancien régime et celles de notre siècle bouleversé, tout cela l'annonce ouvertement. Il nous faut faire de constants efforts pour amener ces jours de plus de justice, de plus de vérité. Je ne les verrai point, mais vous savez quels ont été mes vœux pour le triomphe de l'Eglise et celui d'une vraie transformation. »

Et il s'en est allé ; son convoi a été suivi par ce peuple en deuil et par les larmes des malheureux ; et je n'ai pu le pleurer que de loin, moi qui, après dix ans, suis toujours si ému à son souvenir.

Je pensais à lui dans cette église, dans ce village où il fut le consolateur des âmes et leur fervent excitateur vers les sublimités de l'ordre divin.

Je songeais aussi à mes ancêtres, qui, là près, dormaient leur dernier sommeil, ou à ceux et celles de leur famille qui avaient fini leur course d'ici-bas loin de cet horizon. Je reportais ma pensée vers cette descendante de Marguerite dont l'idéalité sereine et la sublime vertu l'avaient sans doute emporté de

---

1. Auteur de l'*Histoire philosophique de la bienfaisance* ; un volume in-8° ; Paris, 1847. L'abbé Tailhand était de près de *Champagne*, dans le bas Vivarais.

beaucoup sur les qualités éminentes de son aïeule, vers cette âme admirable de suavité et d'amour du monde d'En-Haut, qui était venue, du pays d'*Uzès*, revoir ici une dernière fois son doux vallon natal, en juillet 1654 ; je songeais à Marie de Surville[1], que j'invoquais à peine et que je devrais prier comme une élue du grand Ciel.

Je pensais à son vaillant père, à son frère Louis, de jours presque aussi tourmentés que les nôtres, à ces valeureux militants contre les trames effrayantes de l'Erreur, les révoltes, les cynismes du mensonge. Je pensais à d'autres aussi, purs croyants qui, du sein même de leur obscurité, furent un exemple, un honneur pour ce cher Languedoc ; et sous l'émouvant souvenir de cette élite de cœurs « simples et droits », je me dis : Toi à qui ils ont transmis la foi chrétienne, cet ineffable bien, auras-tu, comme eux, dans cette foi, une vie d'abnégation, de zèle pour Dieu, de dévouement à ton pays et à la pauvre humanité ? Aimeras-tu, comme ils les ont aimées dans ces anciens jours, la droiture, la simplicité de l'âme, la fidélité au devoir, la noblesse du cœur ? Mon Dieu ! rendez-nous dignes, nous, les militants de cette heure, des vertus de ces hommes d'autrefois !

Quelques heures après, je pris un chemin pierreux qui va du village à des hameaux voisins. J'étais à une demi-lieue au nord de Vesseaux, quand je vis, à ma gauche, quelques buis sous les châtaigniers. J'allai de ce côté ; et me confiant à un petit sentier, je me trouvai bientôt sur un monticule sauvage, entre deux ravins perdus dans les grands bois. C'est une lande aride ; ici, des pierres sont entassées pêle-mêle ; là, s'étendent

---

1. Fille aînée de Louis de Surville et de Marie Argenson ; née à *Vesseaux* en 1605 ; ayant fait, ainsi que ses deux sœurs, et comme le fit ensuite sa fille Marguerite Yolande, son éducation chez les Religieuses Bénédictines de *La Ville-Dieu* venues, à cette époque, se fixer à *Aubenas*, afin de n'être plus exposées, comme elles l'avaient été à deux reprises, aux irruptions violentes du vandalisme huguenot, à l'audace impudente duquel elles avaient comme miraculeusement échappé ; morte à *Vieux Castel*, au pays d'*Uzès*, le 21 octobre 1654.

à fleur de terre des plaques de rochers moussus. Des buis croissent au milieu des rochers ; et quelques chênes, aux racines nues, dressent dans le paysage leurs troncs et leurs rameaux couverts de lichen. La mélancolie saisit l'âme dans ce lieu digne des sorcières de Macbeth ; on s'y sent gagner par l'enivrement des fascinations du passé.

C'est *le bois de madame de Surville*. A Paris, nos lettrés l'ignorent, même ceux qui ont le plus disserté sur elle ; ici, il est connu des chevriers.

J'étais parti par un temps pluvieux ; à peine étais-je arrivé là qu'un orage fit éclater éclairs et foudres dans les vallons. Je me mis sous un chêne ; je contemplai de là ce spectacle fulgurescent. Les ravins roulaient de bruyantes eaux ; les pentes des montagnes ruisselaient : les éclairs incendiaient les nuées. Au loin, dans la lande pâle et triste, tremblaient de féeriques clartés illuminant les ombres : sur les rochers, le vent faisait courir des feuilles jaunes, tombées des chênes et des châtaigniers. Marguerite, elle aussi, dans ce lieu celtique, avait peut-être suivi du regard les scènes de la nature tourmentée, et elle y avait apporté les émotions de son cœur. Ce lieu avait vu son bonheur, ses larmes, ses brisements après ses courtes joies. Puis, le long silence des siècles s'était fait sur sa mémoire et sur sa vie ; et, lorsque des élans de cette âme il ne reste plus ici qu'un souvenir, le double tableau qu'elle avait vu se déroulait encore, celui de la nature convulsive ou sereine et celui de l'orageuse humanité.

Je revins du bois de Surville à la nuit.

Aujourd'hui, je suis allé au village. En suivant ses petites rues, je pensais à ce jour d'hiver de 1428, dans lequel Bérenger et Marguerite arrivaient ici à cheval par l'étroit chemin de *Privas*. Ils trouvaient le village en fête ; ils étaient attendus par des cœurs joyeux qui saluaient leur bonheur et leurs vingt ans ; ils étaient accueillis avec les honneurs dus à leur noblesse et à leur parenté avec le prieur du lieu, le prieur à qui chaque terre, chaque maison devait, à *Vesseaux*, la cense féodale.

Bérenger, d'ailleurs, avant son mariage, était-il complètement

un étranger pour le pays? Non: il était déjà un peu rattaché à
cette partie du bas Vivarais, non seulement par les fonctions
qui étaient là celles de son oncle le prieur Jourdan, mais encore
par une terre qui, longtemps avant lui, avait été reconnue, à
Saint-Privat, sur les limites de *Vesseaux,* à l'une de ses ancêtres, Agnès de La Blacheyre, et par une petite propriété dont
son père, Guillaume de Surville, intrépide militant contre
l'Anglais [1], avait reçu, le 20 juin 1414, une investiture de Ber-
nard Escouffier, prieur de *Vesseaux* à cette époque. Bérenger
pouvait ainsi, en ces heureux jours, paraître à un grand
nombre comme admirablement appelé à unir ses destinées à
celles de Marguerite, chérie de cette douce vallée.

Combien durèrent les jours de leur union? Peu de temps, a
dit la légende. Mais ce n'est pas à la légende à remplacer l'histoire ; ce n'est pas à nous de prendre au sérieux les inventions
des amplificateurs du dix-septième siècle transformant en
moderne Sapho, quoique moralement bien supérieure à l'autre, le poète de l'épître à Marguerite d'Ecosse ; ce n'est pas à
nous d'accepter comme venant de *Clotilde* tout le bagage littéraire qu'on lui a prêté et dont une part ne lui revient pas.

Laissons donc les indications fictives de *l'Héroïde à Bérenger,*
de *rondels* apocryphes, de quelques autres pièces de vers attri-
buées à notre auteur et dont sa gloire peut se passer. Que
Bérenger ait fait ou non la guerre aux Anglais, qu'il se soit
signalé ou non par sa bravoure, qu'il soit mort ici ou près
d'Orléans, cela ne change rien à ce qu'ont de *fondamental* les
poésies de *Clotilde,* à la partie caractéristique de cette œuvre,
partie indépendante de ces fictions et ayant un cachet qui n'est
d'aucun des fragments supposés où l'on a fait intervenir un
Bérenger guerroyant et chevaleresque, dans le recueil qu'ont
agencé, à leur guise, une amie des descendants de Marguerite
et ensuite une alliée de leur famille.

La vie du poète avait-elle besoin de ce surcroît de douleurs

---

1. Guillaume de Surville était, comme certainement, l'un des sept chevaliers français, la plupart languedociens, qui avaient combattu, en 1402,
en Guienne, près la tour de Montendre, contre sept chevaliers anglais,
mémorable combat singulier où les Anglais avaient été vaincus.

imaginaires? Non; elle en eut bien assez de réelles, dont les lieux que je viens de parcourir ont été les témoins, Là, dans cette vallée, dans ces maisons dévastées maintenant, Jean, fils unique de Marguerite, et son épouse Héloysa formèrent, avec leurs enfants, le groupe aimable et doux de la famille de Bérenger. Quelle affection unit Marguerite et Héloysa! Prairie, bois, antiques demeures, rustiques sentiers, tout cela ne semble-t-il point parler de leur amitié et redire leur nom?

Ces enfants, la joie du poète, avaient reçu le saint baptême dans l'église que je viens de revoir. Ils couraient au bord de ces champs où je cherchais des bluets dans mon enfance. Ils suivaient les brins d'herbe flottant sur ce canal, dont l'eau, fuyant au milieu des roseaux, fut une de mes premières admirations. Ils écoutaient le *tic-tac* du moulin, qui, à quatre ans, était ravissant pour moi. Ils allaient et venaient des *Fargiès* au village, du village aux *Fargiès*. Et Marguerite avait un sourire dans son âme; elle songeait à ces enfançons qui, après leurs ébats, accouraient près de la mère ou de l'aïeule, sérieux ou bruyants, mais toujours aimants et gracieux.

Et cette jeune mère, la voilà arrachée soudain au poète et à ces enfants! C'est son convoi qui passe, qui va entrer dans cette église où je viens de prier. C'est son cercueil qui sort, au bruit sourd du pas des porteurs et avec la grave psalmodie des prières des morts. Et Marguerite suit cela des yeux; elle voit là, sous sa fenêtre, la bière près de disparaître dans une fosse de ce vieux cimetière dont, il y a quelques années à peine, les tombes étaient rangées autour de l'abside, comme l'escorte solennelle de la mort au Dieu qui est la vie!

Quel coup ce fut pour Marguerite! comme il fut déchirant! Lorsqu'elle eut apporté ses sanglots sur cette terre fraîchement remuée, elle chanta son Élégie, ce chant funèbre dont les paroles sont des larmes tombant sur un cercueil.

Bientôt après, Jean suit Héloysa dans un monde meilleur, c'est là, près d'une porte de cette église, qu'il est enseveli. Alors, sur le soir de sa vie, Marguerite arrête son regard de poète sur ses petits-enfants; elle s'adresse à eux, dans ces vers d'une touchante simplicité :

> Timides enfançons, ne vous rebute pas
> Le soubris de Clotilde aux portes du trespas.
> Ne tarderez venir où chemine première ;
> Ains pour vous suyve au loin ung raiz de la lumière
> Dont luit sur vos matins le fugitif esclat.
> Se vous duisent mes jeux, imitez jeune aiglat :
> Devant qu'en puisse bien soustenir la voydie,
> N'eslève aux champs de feu son esle trop hardie ;
> Et, moins espuise en vain sa nayssante vigueur,
> Plus tard l'atteint des ans l'impotente langueur [1].

Ceux de nos littérateurs qui s'obstinent encore à faire de cela une œuvre du dix-septième siècle, — si, comme l'a osé *savamment* « un maître » en critique, Sainte-Beuve, ils n'en font pas une surprise merveilleuse du dix-huitième siècle, et, qui mieux est, d'Étienne de Surville, — feront bien, après avoir interrogé les morceaux non interpolés de ces pages, de relire Maynard, Desportes, Mathurin Régnier, ou plutôt de chercher, *dans tous les auteurs de cette époque,* s'ils découvrent quelque chose qui ressemble à ces vers, qui en ait la forme poétique et l'accent. D'analogue à ce genre marqué d'une manière aussi nette que puissante, ils n'en trouveront même pas dans la seconde moitié du seizième siècle. Il est facile à des critiques de dire : « C'est là une œuvre du temps de Louis XIII ou de Louis XIV » ; mais il l'est beaucoup moins de pouvoir citer, de cette époque, un seul morceau en vers qui rappelle une semblable poésie. Nos lettrés ergoteurs, tout à la critique d'expédient, ont bientôt dit : « Cela n'est pas de Marguerite de Surville. » Seulement, elle a la possession pour elle ; pour la lui enlever, *l'onus probandi* leur incombe. Et à leurs négations qui ne concluent pas, le bon sens peut se contenter de répondre : Il vous plaît de dire que *Clotilde* n'est pas l'auteur de ces chants ; c'est bientôt fait, messieurs ; mais qui mettez-vous à sa place [2] ?

---

1. Poésies de Marguerite de Surville.
2. Les preuves de la rigoureuse authenticité *d'une partie assez considérable* des œuvres parues, au commencement du dix-neuvième siècle, sous le nom de *Clotilde* de Surville, sont, comme l'ont dit de grands écrivains,

Avant de quitter le village, je me suis arrêté quelques instants auprès de l'ancien cimetière. L'église, aux contreforts épais et à la silhouette sombre, était là devant moi. J'ai songé au poète qui y était venu dans ses deuils et qui, de ce lieu de prière, avait emporté, plus d'une fois sans doute, un peu de céleste consolation. Je me suis dit alors ce que furent son œuvre et sa vie.

Marguerite palpita assurément de l'ardeur poétique d'une Renaissance, dont, une des premières, elle aspira le souffle enivrant. Dans cet élan de son époque, rénovation vraie sous certains rapports et trompeuse illusion sous d'autres aspects bien plus élevés. elle fut douée d'un sens esthétique qu'on avait vu déjà ou que l'on voyait dans quelques auteurs de notre langue, Froissart, Charles d'Orléans, Martin Le Franc [1] et un petit nombre d'autres. Comme eux, elle voulut arriver à cette pureté de forme qu'elle avait entrevue dans ses rêves et dont les écrivains harmonieux de la Grèce et de Rome lui offraient des modèles. Elle fit sien un genre de poésie inconnu de son siècle, mais étranger aussi au dix-septième et au dix-huitième; un genre dont nos lettrés douteurs, affolés par la peur d'être dupes, n'ont pu encore nous montrer un semblable exemple dans les jours, si différents de caractère, où ils supposent qu'ont eu lieu à la fois et ce tour de force littéraire et le contresens moral d'une mystification inouïe.

A quoi donc Marguerite dut-elle de pouvoir créer ses chefs-d'œuvre? Elle le dut à ces deux choses, dont l'union est si

---

de vrais érudits, d'illustres poètes, presque surabondamment données, avec tous les développements désirables, dans notre ouvrage : MARGUERITE DE SURVILLE, SA VIE, SES ŒUVRES, SA POSTÉRITÉ, DEVANT L'HISTOIRE ET LA CRITIQUE MODERNE. Il sera donné, de ce volume très compact, épuisé en librairie, une édition nouvelle, plus complète et définitive, avec de nouveaux *Documents justificatifs* et des renseignements *supplémentaires*, quand les circonstances seront plus favorables que celles du temps actuel à une œuvre de ce genre, à la fois d'exacte étude historique et d'esthétique sérieuse, non byzantine, c'est-à-dire approfondie et comprise *en vue du vrai but de l'Art.*

1. Protonotaire du pape Nicolas V ; auteur du *Champion des Dames* et de l'*Estrive de Fortune et de Vertu*; mort en 1460. La versification de cet écrivain est remarquable ; elle est déjà très française, ainsi que celle de Charles d'Orléans.

rare : le vaillant labeur et le génie. Chez elle, il n'y eut point
de froide imitation de l'antiquité; il n'y eut point non plus de
romantisme intempérant. Il y eut l'originalité exquise d'une
poésie tout à part, que certes nous ne confondons pas avec
celle qu'a ajoutée à son œuvre le dix-septième siècle ou la
fin du seizième et avec les remaniements très partiels faits
dans un temps moins éloigné de nous. Il y eut la manifesta-
tion gracieuse d'un sentiment artistique des plus profonds, où
la prudence et la hardiesse, le jugement et l'enthousiasme
allaient se pondérer admirablement. Il y eut l'expression
d'une âme passionnée pour le beau et ayant su se discipliner à
ce travail de réflexion judicieuse sans lequel on n'approche
jamais des sommets de l'Art et avec lequel, même en ces jours
lointains, il n'était pas impossible d'y atteindre.

Voilà son œuvre. Et sa vie que fut-elle, sinon une exaltation
vers l'idéal, mêlée aux brisements les plus douloureux? Elle
reçut les dons de l'esprit que Dieu départ aux natures d'élite,
mais elle les acheta aussi par une amère expiation. Elle eut,
elle eut là d'où je vous écris, ses rêves d'or et ses navrantes
heures, ses magiques enchantements du beau et ses indicibles
accablements; et, dans cette sévère réalité de l'existence
humaine, elle eut ses fascinations d'idéalité consolatrice et ses
élans de noble amour qui séchèrent ses pleurs.

Ainsi, d'un côté, l'amitié fervente, la fidélité dans de généreuses affections, la foi catholique qui tient à honneur d'édifier
ou de restaurer le temple de Dieu et qui se préoccupe de voir
une jeune famille animée de l'esprit chrétien que cette maison
eut plus fervent encore, un siècle après[1]; l'enthousiasme pour

---

1. Marguerite de Surville ne tint pas moins, en effet, à servir la cause de
l'Eglise, en même temps que les intérêts supérieurs, c'est-à-dire surnatu-
rels, de son pays.

Elle fit faire et seconda d'actives démarches, dans la seconde moitié de
sa vie, et veuve alors de Bérenger de Surville, pour que l'on construisît une
église, et établît une paroisse dans la partie haute de l'antique paroisse de
Sceautres, où ses ancêtres, les Chalis, avaient eu, depuis des siècles, de
vastes domaines qu'elle avait conservés.

Et d'après d'exacts documents, elle donna, sur ces propriétés situées

le beau et une étonnante aptitude pour le traduire, comme
on ne les trouve que dans quelques intelligences qui ont paru
de loin en loin dans la vie de l'humanité. De l'autre, les tra-

---

vers l'Occident et loin de l'église prieurale de *Sceautres*, le terrain et une
partie des ressources nécessaires pour la construction, à *Berzème* — site
élevé et verdoyant, comme le dit son nom celtique, et n'ayant alors qu'une
famille d'anciens et très aisés censitaires, depuis bien longtemps assez voisins
des Chalis, — sur cette partie haute, d'une église paroissiale et d'un presbytère avec ses attenances. Cette église, d'un beau style roman Renaissance, avec dôme au-dessus du transept, et œuvre du talent architectural
des religieux Bénédictins de l'abbaye de *Cruas*, fut commencée en l'an 1472 ;
et, par suite de quelques obstacles survenus, la nouvelle paroisse fut
érigée seulement en l'an 1487. L'église fut consacrée sous le vocable de
Saint-Pierre *ès Liens*, exactement le même que celui sous lequel l'église de
Vesseaux était déjà [a].

De plus, comme nous l'avons dit, Marguerite de Surville, vers la même
époque de sa vie et dans les mêmes pensées de sa foi vivante, fit entre-
prendre et mener à bonne fin — d'après la tradition constante du pays
qu'elle habitait — de très importantes constructions nouvelles et réparations
à l'église de *Vesseaux*, si remarquable sous le rapport architectural. Son
fils Jean étant mort vers ce temps-là, elle fit mettre sur la façade de cette
église les inscriptions qui existent encore, dont trois, sur quatre ou cinq,
nous l'avons dit, se rapportent à la mémoire de ce fils.

Dans le beau dévouement qu'apporta notre poète pour l'érection d'une
église et d'une paroisse à *Berzème*, paroisse qui fut un démembrement de
la partie occidentale de l'antique paroisse de *Sceautres*, un des motifs et
des désirs de Marguerite fut évidemment d'acquitter, sur ce sol qui lui
était cher, une part de la dette de reconnaissance que ses aïeux, ces
« voisins des forêts [b] », avaient contractée, envers le Dieu d'Amour, pour
une possession millénaire, presque immémoriale de biens terrestres, sur
ces sommets, où, dans un splendide horizon, ils avaient eu, dès l'origine
du Moyen-Age, la diversité des richesses agricoles d'un pays basaltique,
dans notre plantureux Midi, où ils avaient vécu près de dignes grandeurs
du passé, eux dont tel corps de domaine devait la cense à l'antique
seigneurie d'*Hélier* : *Fundus debitor censivæ in castellum de Helierio* ; eux
qui, s'il leur eût été donné de soulever le voile de l'avenir, auraient pu sourire ou frémir bien plus tôt, en mettant la singulière exiguité des censes de
leurs jours, en face des charges fiscales, écrasantes pour un peuple, et des
rapines financières, orgueil de notre temps, en face des triomphes de l'*éga-*

(a). Tout près de là, sur un terrain qui, à la même époque, appartenait encore à l'unique
descendante des Chalis, un mémorial lapidaire, rappelant ces témoignages de la foi de Marguerite,
ainsi que la ferveur de son arrière-petite-fille, Marie de Surville, devra être érigé quelque jour en
leur honneur.

(b). Chalis, du celtique *Chail* (forêts). *s* (près de).

verses sans nombre, les déchirements du cœur, le martyre du génie sans consolation humaine et de la parole ardente sans écho ; la renommée fuyant loin de son nom ; une sorte de fatalité s'attachant à son œuvre qui devait rester ensevelie trois siècles et qui, arrachée au sépulcre, allait être accueillie par le sourire de la « science » et par celui de la frivolité. Tel devait être le destin de l'un des plus puissants poètes qu'ait eus notre patrie. Talent littéraire sans aucun peut-être qui lui soit supérieur ; caractère sans bassesse et sans défaillance ; mais vie sans éclat, cendres même sans la modeste gloire d'un tombeau.

Ces pensées se sont alors associées dans mon âme au souvenir des talents « heureux » qui paraissent soudain au premier rang, mais qui ne tardent guère à s'évanouir dans l'ombre qu'ils ne quitteront plus.

Marguerite n'eut-elle point l'exemple de succès pareils, en face de son génie méconnu ou ignoré ? Ne vit-elle pas Alain Chartier, lettré subtil dans sa lourdeur, distribuant autour de lui les faveurs de la renommée, quand son partage, à elle, était l'oubli ? Elle l'eut, ce spectacle, et son cœur ne s'en aigrit point ; mais elle tint à faire justice de tous les parvenus littéraires, dans la personne de ce rimeur si bien en cour et d'une éphémère célébrité.

J'avais été attristé, un moment, par la pensée des triomphes menteurs, qui en imposent à tant d'esprits abusés. Le recueil

---

lité maçonnique, des exactions, des hontes, des déprédations « légales » ou illégales, qu'amène le culte du dieu Etat, ce culte heureusement inconnu d'eux.

Les infamies de l'Ère moderne allaient débuter, quelque temps après la mort de Marguerite, par les démences de l'hérésie, presque également fourbes et sauvages à la fois. Lors des affreuses dévastations apportées, un siècle plus tard, dans le bas Vivarais par les délires et les fureurs calvinistes, l'église de *Vesseaux*, œuvre en partie de Marguerite et située à proximité de seigneurs très vaillants et très catholiques de la localité, les Hautefort de Lestrange, échappa, comme ce petit bourg, au vandalisme de forcenés sectaires. Mais l'église de *Berzème*, rappelant aussi la foi généreuse de notre poète, fut complètement incendiée et ruinée, le 23 avril 1574, par une bande protestante venue de *Privas* pour accomplir ce hideux méfait.

de *Clotilde*, que j'ai feuilleté au retour du village, a chassé loin de moi ces ombres, en me faisant relire les vers d'airain qui, longtemps à l'avance, ont donné le verdict du juste avenir. L'intelligente droiture du poète et sa *seconde vue* ne l'illusionnaient point. Alain gît dans le brumeux passé; *Clotilde* s'élève dans le nimbe d'or où brille le nom de ceux dont le génie a conquis, sur cette terre, la poétique immortalité.

Je suis revenu aux *Fargiers*[1] bientôt après. Ce soir, je suis allé sur la terrasse de la maison. La lune jetait sa clarté, entre des nuages orageux; elle éclairait les monts arides, les bois, les fantastiques lointains. J'ai retrouvé alors dans ma mémoire ces vers où la vue de Phœbé, brillant sur ces blancs sommets et inondant le vallon de sa lumière bleuâtre, rappelle à Marguerite la pensée des nobles cœurs enfuis, le souvenir des saints aïeux. Ce souvenir l'émeut : cette pensée l'exalte; elle s'écrie :

> Non, plus ne te veyray, courrière des nuits sombres,
>   Sans t'adresser mes pitoyables chants,
> Sans cuyder que vers moi tant d'affectives ombres
>   Tendent leurs mains, d'en haut tes heureux champs [2].

Puis, elle revient aussitôt à son obsession douloureuse, le souvenir d'Héloysa :

> Adieu, chère ombre, adieu! De la celse demeure,
>   D'une qu'aymas oy lamentables cris;
> Souffre qu'ung mesme roc, nous joignant tout-à-l'heure,
>   Dans l'advenir porte ces mots escripts :

---

1. *Les Fargiers* ont appartenu, dans la plus grande partie du dix-neuvième siècle, à une branche des La Selve, dont un des ancêtres figure sur le registre de 1427 de Mᵉ Antoine de Brion. Ce document est dans mon ouvrage cité plus haut, aux *Documents justificatifs*, XI.

2. En écrivant ces vers d'une rêverie étrange, le poète ne se doutait pas qu'un jour des amis compromettants de sa mémoire et des critiques avides de saisir tout ce qui pourrait venir à l'appui de leurs négations, iraient jusqu'à charger sa muse de pages hérissées de science astronomique, aussi différentes que possible, quant au fond et quant à la forme, de son genre et de son inspiration. C'était un moyen de faire de son œuvre une pure supercherie.

> « Aux cendres d'Héloys Clotilde unit sa cendre.
> Sans t'esbahyr, ô passant, ne despars,
> Pourquoi fut si tardive en l'asyle descendre,
> Qui de son cueur jà tenoit les deux parts[1]. »

On n'a point trouvé, dans la vallée, ce « roc » du souvenir, que le poète enviait pour ses cendres. Nos jours élèveront-ils ce monument, hommage à sa mémoire, que d'autres voix vibrantes et de nobles mérites conserveront?

Un attachement, comme celui qu'elle eut, pour la Foi divine et les grands souvenirs; des chants comme les siens, c'est-à-dire ceux qui, *vraiment d'elle*, ont été des devanciers lointains pour l'idéalisme de l'Art rénovateur, et l'amitié qui unit des âmes telles que Marguerite et Héloysa, c'en est assez pour illustrer un point de cette terre et pour émouvoir, dans la suite des âges, les cœurs qu'attire la pensée de ceux qui ont souffert, généreusement aimé et chanté.

Affectueusement à vous.

------

1. Poésies de Marguerite de Surville, *Élégie sur la mort d'Héloysa.*

LIGUGÉ (Vienne)

IMPRIMERIE SAINT-MARTIN

M. BLUTÉ